Thomas Gsella

Das große Fressen

Die Fotogedichte aus **konkret** und **Titanic**

Thomas Gsella

Das große Fressen

Die Fotogedichte aus **konkret** und **Titanic**

konkret texte 81

KVV **konkret**, Hamburg 2023

Titelfoto: Lv Jianshe / Picture Alliance / DPA

Lektorat: Bettina Hartz

Gestaltung & Satz: Niki Bong

Druck: Docupoint

ISBN 978-3-930786-96-1

Inhalt

Poetischer Sozialismus

Dem hervorragenden (oder wenigstens mit mir befreundeten) Dichter Thomas Gsella ein Vorwort zu schreiben ist wie den Himmel zu besingen: nicht falsch, aber immer ein bisschen mühsam, weil ja alles schon gesagt ist. Wenigstens von mir: »der größte lebende komische deutsche Dichter«, wie ich aus Anlass einer frech in den Handel gedrückten vierbändigen (!) Werkauswahl festhielt, und »beim Versuch, Gsella für die hohe Kunst (sagen wir, den Büchnerpreis) zu reklamieren, sei nicht vergessen, wie sehr die seine als komische, alberne, ausgelassene, spielerische sich der Opposition gegens allzu krampfhaft Hohe verdankt; aber nicht im Sinne von Punk, sondern einer Klassik, der, über Pastiche und Parodie noch hinaus, alles Repertoire ist. So ist denn Gsellas Lyrik geprägte Form, die quicklebendig einer Versiertheit dient, die sich zugleich feiert und transzendiert, durch ihr Unendliches ins kleistisch Paradiesische hinein, in dem alles wieder klingt, winkt und duftet wie am ersten Tag.« Besser kann ich es im Prinzip immer noch nicht sagen, und warum sollte ich auch?

Weil, den größten lebenden komischen deutschen Dichter zu zitieren, »fünfzehn Seiten Minimum, du Döskopp!« zu liefern sind, und das ist natürlich einerseits zuviel, wenn alles gesagt ist, und andererseits zuwenig, wenn sich längst mal Leute einfinden könnten, dem gebürtigen Essener und leidenschaftlichen Wahl-Aschaffenburger eine Doktorarbeit hinterherzutragen, in der sie mich dann gern zitieren können. Etwa mit der Idee, dass der ehemalige »Titanic«-Chef, Rilke-Student und Straßenmusikant, der im Essener Vorweihnachtsgeschäft an einem Tag 800 D-Mark zusammengeschrammelt haben will, sich im fortgeschrittenen Jahr 2023 als Emblematiker zu etablieren versucht hat, mittels des vorliegenden Bändchens nämlich, das Fotogedichte aus nicht weniger als einem Vierteljahrhundert versammelt.

Ein Emblem, wir Studierten erinnern uns und sehen bei Wikipedia nach, besteht aus Überschrift, Bild und poetischem Text (Lemma, Icon und Epigramm), und es dürfte schwerfallen, hier die Parallele zu Gsellas fotopoetischem Werk zu übersehen: Überschrift, Bild, Text – unglaublich! Und tatsächlich ist jedes der hier exhibierten Fotogedichte ganz zweifelsfrei ein

»dreiteiliges Kunstgebilde mit bestimmtem, engumgrenztem, abstraktem Sinngehalt innerhalb eines geschlossenen, traditionell festgelegten Sinnzusammenhangs« (Gero von Wilpert, *Sachwörterbuch der Literatur*, 7. Aufl. 1989) oder jedenfalls beinahe; denn geschlossene, traditionell festgelegte Sinnzusammenhänge sind ja längst perdu und von gestern, das ist wissenschaftlich erwiesen und international abgehakt. Es ist, Doktorandinnen (siehe S. 86) uffjepasst, mithin ganz anders, denn den Sinnzusammenhang stellt Gsellas Fotopoesie ja erst her, etwa wenn ein dicker Mann im Unterhemd aus einem dicken weißen Auto steigt und der Dichter in für ihn völlig untypischer Geistesgegenwart auf den Auslöser drückt:

So weiß kam dieses Auto angeflogen
Und bremste scharf und öffnete den Schoß.
Und es gebar ein Wesen ungelogen
So weiß wie es, so rund und schwer und groß,

Ja größer gar mit seinen weißen Haaren.
So zogen sie die Welt in ihren Bann.
Ein Rülpsen kam, dann sind sie weggefahren,
Das dicke weiße Auto und sein Mann.

Und siehe: Aus Quatsch ward Sinn, aus kompletter ästhetischer Verwahrlosung (vgl. S. 132) etwas Hohes, Schönes, unendlich Zartes, das dem unheilvoll und leider allzu alltäglich Konkreten »einen hohen Sinn, dem Gewöhnlichen ein geheimnisvolles Ansehen, dem Bekannten die Würde des Unbekannten« gibt, wie es der alte Kollege Novalis so mitreißend formuliert hat. Der mögliche Einwand, in Gsellas »Postrevolutionärer Lyrik«,die den ersten Teil unseres Bandes ausmacht, sei der Sinnzusammenhang allerdings vorhanden, nämlich in der fiktiv und glücklich gelungenen Revolution – bekanntlich der Sinn als solcher –, ist natürlich triftig und salviert unsere Eingangsthese dann wieder mit Glanz und Gloria, wenn das Emblem »vom Verweischarakter alles Sichtbaren auf einen höheren, inneren, prinzipiellen Sinn der Weltordnung« (Wilpert) zehrt und des Autors »kindlicher Freude an der scheinbaren Verrätselung des Daseins« (ebd.) dann schönsten Ausdruck schenkt.

Es ist also, mit meinem Vater selig zu seufzen, »alles ganz einfach«, und das Einfache, das so schwer zu machen ist, gewinnt in Gsellas dezent brillierenden, Handwerk ins Höchste treibenden Versen schon formal Gestalt; falls es nicht, o Mutter Dialektik!, geradezu andersherum ist. Und das Einfache, bedenken wir's recht, ganz einfach geht, wenigstens wenn es einer kann und auch hunderttausendmal geübt hat:

Seit wieviel fetten Jahren sind vertrieben
Die Teufel jener Zeit? Die Welt ist gut.
Die Tiere atmen und die Menschen lieben,
Und allen nützt das bisschen, das man tut.

So dass, ganz im Sinne rücksichtsloser Marktbeherrschung, der poetische Sozialist Thomas Gsella sowohl Romantiker als auch Leserinnen von Peter Hacks auf ihre Kosten kommen lässt, was schon für sich genommen kein kleines Kunststück ist; und vielleicht die Hoffnung erlaubt, damit sei, bis zum nächsten Vorwort, nun wirklich alles gesagt.

Stefan Gärtner

Fotogedichte aus konkret

Postrevolutionäre Lyrik 2020–2023

Dezember 2030

Was machen eigentlich die Quandts?

Die Enteignung hat sie tief getroffen.
Frau Susanne Klatten, wie man hört,
Hat zunächst wohl allerlei gesoffen,
Und auch Stefan sagt: »Ich war verstört.«

Ohne BMW schien alles sinnlos
Und der Tag so aschegrau und leer,
So absurd profit- und auch gewinnlos.
Ja, die ersten Jahre waren schwer.

Plötzlich nicht mehr über allen Leuten,
Plötzlich nicht mehr Chef im Kanzleramt
Und kein armes Schwein mehr auszubeuten:
Plötzlich zur Unschädlichkeit verdammt.

Reich geworden war'n die Quandts im Dritten
Reich mit Arisierung, Zwangsarbeit
Und mit Schlägen, Drohungen und Tritten:
Reich mit hunderttausendfachem Leid.

Aber dann, befreit von diesen Lasten,
Fanden sie ein neues Ich und so.
Unterstützt von Therapien und Fasten,
Sind sie heute beide lebensfroh.

Morgens gärtnert Susi in der Freien
Kleinbauerngenossenschaft bei Kiel.
Mittags schläft sie lang und nimmt Arzneien,
Und am Abend lehrt sie Puppenspiel.

Stefan forscht in Jüdischer Geschichte,
Doch noch lieber trägt er Briefe aus.
Und dann bringt er Äpfel und Gedichte
Und ein Weinchen mit aus seinem Haus.

Und nur manchmal schrecken sie aus schweren
Träumen hoch und schäumen Hass und Wut:
»Löhne runter! Kapital vermehren!«
Doch wenn sie erwachen, ist es gut.

Und dann danken sie den großen Stürmen
Jener Jahre. Und vermissen nicht.
(BMW erging's wie allen Firmen,
Die nur Scheiße bauten: Schotten dicht.)

Januar 2031

Besuch bei Andy Scheuer

Da steht er, lächelnd, vor den schweren Toren
Und sieht so wolkenleicht und heiter aus.
Er winkt uns zu und strahlt aus allen Poren
Und führt uns wortreich in sein großes Haus.

Ich weiß, sagt er, hier wohnen andre, viele;
Und doch ist dieses Haus mein Haus, mein Weg.
Wir gehen durch den Hof. Wohl hundert Stühle
Um einen großen Pool. Ein Marmorsteg.

Da liegen Weine, leer, und manche Reste
Von Biohuhn, auch Bier, ein kleines Fass.
Rein gar nichts hier erinnert an die Knäste
Des Kapitals, an Qual und Menschenhass.

Vier Jahre, hieß das Urteil, für »Verbrechen
An Redlichkeit, Geist, Umwelt und so fort«.
Die alte Zeit: Er mag von ihr nicht sprechen.
Die Zelle licht und groß. Kein böser Ort.

Am Boden ein Parcours, Beton, vierspurig,
Daran ein Schild: »Hier gilt die Scheuer-Maut😊«.
Recht wunderlich, gewiss, und doch auch urig:
Er hat sich eine Autobahn gebaut.
»Hulk« Höcke hat den Gussbeton gespendet,
Ein Mithäftling, und keinen hat's geschert.
Schnell war der Bau der Autobahn vollendet.
Nur Autos, sagt er, blieben ihm verwehrt.

Das schlug in seine Seele eine Delle.
Doch war er, gab es mittags Stampf, so frei:
Dann nahm er das Püree mit auf die Zelle
(Es heißt, er stahl auch anderen den Brei)
Und modellierte klitzekleine Porsches
Und Audikram und andern Mördermist.
Auch gibt es bei Besuchen wohl ein forsches
System aus Schmuggelei und frecher List:

Ein Contra schleuste einen Matchboxsprinter
In Andys Zelle, und seitdem macht's brumm
Und tuut und quietsch. So gehen lange Winter
Für Andy Scheuer wie im Fluge um.

Seit Juni ist er frei. Er könnte gehen.
Doch bleib ich, sagt er, lebenslänglich hier.
Die autofreie Welt will er nicht sehen.
Er macht noch einmal brruumm. Dann gehen wir.

Februar 2031

Zehn Jahre Neuer Weltbienentag

Außer Lüge war rein nichts dabei,
Weder Kopf noch Handundfuß noch Mitte.
In der falschen Welt lag er im Mai
Faul herum wie eine faule Quitte.
Der Agrarkapitalismus gab
Einen Scheiß aufs Bienenüberleben.

Eine nach der andern fiel und starb.
Gift versprach Profit. So war das eben.

Klöckner hieß seine Ministerin,
Tumbe Zugehfrau der Großmastschweine.
Doch an jenem Tage ging sie in
Den Berliner Wald. Sie war alleine
Und der achte Februar zu warm,
Viel zu warm: von maienschwerer Schwüle.
Eine Spitze stach in ihren Arm.
Und aus einer wurden viel zu viele.

Manchmal ist man wie ins Nichts gestellt.
Hundertschaften suchten sie mit Hunden,
Doch sie schien nicht länger auf der Welt:
Ihr Kadaver wurde nie gefunden.
Schwitzend sang die Bourgeoisie ihr Moll,
Während ein Prolet den Grund benannte:
»Hatten den Kanal wohl einfach voll«,
Sprach der Imker, der die Seinen kannte.

»Aggressiv sind meine Bienen nie,
Sondern gut und lieb und engelsmilde.
Doch die Klöckner führte gegen sie
Schlechtes Böses Grausamstes im Schilde.
Und aus diesen Klasseninteressen«,
Gab der Imker klug den Commissaire,
»Hamse die vermutlich aufgefressen.
Ganz als ob der Umsturz schmackhaft wär.«

Dies erwägend, gleich nach dem Finale,
Welches ausging, wie die Welt es mag,
Schlug die Neue Internationale
Diesen Tag zum Neuen Bienentag.

März 2031

Die »Unschönen Wochen«

Barbarei frohlockte vor dem Sieg,
Doch barbarisch war auch das Gewinnen:
In den Wochen nach dem Klassenkrieg,
Als die Rache aus den Gräbern stieg,
Wurden Sieger:innen Täter:innen.

Ein Minister war als erster dran,
Später hat es andere getroffen.
Aug um Auge ging es, Zahn um Zahn,
Und es wurde Schlimmstes angetan,
Denn die Wunden waren rot und offen.

– Die Vertriebenen der falschen Welt
Sah man die erfrornen Fäuste heben.
Und ein kaltes Herz ward auserwählt,
So wie sie in einem dünnen Zelt
Einen Wintermond zu überleben.

Und der Frost, er traf ihn mit Gewalt,
Und im Schlafe bissen ihn die Ratten,
Und das Essen war verderbt und kalt
So wie einst, als Leben noch nicht galt.
Jemand kam, Seehofer zu bestatten.

– Aus den Billigländern spülte sie
Blanke Not in deutsche Schlachtfabriken.
Viele starben in der Pandemie.
Kaum ergriffen, sank er auf die Knie:
Blanker Hass entströmte ihren Blicken.

Seine Untat nahmen sie beim Wort.
Lag er nachts in lausig faulen Kammern,
Sah man ihn tags schlachten im Akkord,
Und ein Mörder wusste: Das ist Mord.
Erst im Tod verstummte Tönnies' Jammern.

– In den »Wochen« kamen manche um.
Wuchs ums »unschön« auch danach ein Streiten:
Hässlich war das Vorher. Und darum
Blüht in diesem »un« schon das Posthum:
Noch nicht so: so schön wie unsre Zeiten.

April 2031

Das Corona- und das Tundra-Virus

Viel Hunderte Millionen blieben krank
Und mittellos zurück, verwaist, zerschunden.
Der Impfstoff wurd bezahlt, gesucht, gefunden,
Doch die Lizenz versank in einem Schrank.

Der war aus Stahl, bewacht von Polizei
In Diensten jener Welt im Dienst der Beute
Letalen Kapitals und seiner Meute
Mit einem Büttel Spahn als Adabei.

Die Schränke zu und die Fabriken auf;
Proleten waren schließlich da, zu schuften.
So wuchsen Massengräber nebst den Grüften
Und nahm das Virus Lauf um Lauf um Lauf.

Die Impfstoffeigentümer taten das,
Was Wareneigner taten mit den Waren.
Verknappung hieß ein gängiges Verfahren.
Die Aktionäre hatten ihren Spaß.

Fast fünf Millionen Menschen waren tot,
Als die Corona-Höllenflut verebbte.
Die mörderische Erde überlebte
Dies Morden nicht: Der Globus wurde rot. –

Ein Jahr ist's her. Kein Frost lässt mehr gefrieren:
Die Tundra taut. Das Wollnashorn lag da,
Zigtausend Jahre jung, mit Haut und Haar
Und viel zu frischen pleistozänen Viren.

Der Impfstoff wurd bezahlt, gesucht, gefunden,
Da war'n die Tage des Profits gezählt.
Sekündlich fliegt das Wissen um die Welt.
Die Staaten sind Akteure, keine Kunden.

Fast hunderttausend Menschen waren tot.
Paar arme Esel sah man Nasen rümpfen,
Und gegen Blödheit lässt sich nichts verimpfen,
Doch allen hilft das Weltnichtimpfverbot.

So siegt erneut windleicht und butterweich
Der Sozialismus im Systemvergleich.

Mai 2031

Krieg den Palästen

Schloss Neuschwanstein, März 2027

Das haben alle gern gemacht,
Das traf die Stimmungslage.
Die Tage glitten in die Nacht,
Die Nächte in die Tage.

»Denn vieles, das von früher steht«,
So sangen die Gequälten,
»Ist wert, dass es zugrunde geht!«
Hier lest ihr, was sie wählten.*

* Natürlich handelt es sich um eine repräsentative Auswahl. Insgesamt wurden etwa neuntausend Gebäude umgewidmet bzw. vorsorglich weggehauen.

Das Wagnerhaus hat man gesprengt
(Begründung: »ein Froschwanderweg😊«),
Den Kölner Dom im Rhein versenkt
(Der Bischof so: »Ein Sakrileg!«),

Die Garnisonen war'n entzwei,
Die Knäste, Ministerien ...
Recht viele Leute sind nun frei,
Und viele haben Ferien,

Und auch der Reichstag hat nun Sinn:
Im einstigen Arschgeigenhaus
Sind jetzt die Astronomen drin
Und gucken durch die Kuppel raus.

Den Toren fehlt das eine sehr,
Doch grad das eine war zu dumm.
Kein Brandenburger Tor läuft mehr
Ums Brandenburger Tor herum.

Das Schloss Bellevue? Ist abgebrannt,
Denn wenn es heute da noch ständ,
Stünd heut da nicht, groß, weltbekannt,
Das H.-Gremliza-Monument.

Die Dresdner Frauenkirche kam
In späten Jahren groß heraus,
Dann stutzte sie ein starker Arm.
Nun sieht sie klein wie früher aus.

Beim Schloss Neuschwanstein der Befund
»Voll süß« bis »voll beschissen«.
Man wurde sich nicht einig und
So hat man's abgerissen.

Juni 2031

1. Mai –
Tag der Arbeit

Heraus zum Danse macabre *des Kapitalismus:*
Die Stimmung auf den Gedenkfeiern zum 1. Mai war wieder einmal prächtig.

Seit wieviel fetten Jahren sind vertrieben
Die Teufel jener Zeit? Die Welt ist gut.
Die Tiere atmen und die Menschen lieben,
Und allen nützt das bisschen, das man tut.

Doch weiß man noch, im Süden wie im Norden,
Von einer Nacht aus Qual und Barbarei,
Aus Krieg und Ketten, Konkurrenz und Morden
Und scheidet, so als wär es nicht vorbei,
An diesem Tag erneut in Herr und Knechte,
In Mann und Weib, Profit und Hungerlohn.
So bannt die neue Welt die alte schlechte
An diesem Tag der Arbeit und der Fron:

Man schleppt sich, wie auf wundgelaufnen Füßen,
Als ende Schlaf wie einst vorm Morgenrot,
Zu Häusern, die VW und Aldi hießen,
Und bittet dort um Luft, um etwas Brot
Und dass die Hetze nicht brutaler werde,
Auf dass sie bleibe, wie sie ist: brutal.
Mit lauter unterwürfiger Gebärde
Bekennen sie: Wir haben keine Wahl.

Doch auf dem Rückweg tanzen sie und lachen
Und feiern ihren Klassenkampfgewinn.
Und abends rutscht ein großes Liebemachen
Ins Morgenrot. Dann legen sie sich hin.

Juli 2031

Die Umerziehungsgelage

Zum Anbeginn der guten Zeit
Lag mancher Arsch mit ihr im Streit
Und wollt zurück zur schlechten.
Doch gar nicht nur der Schweineboss
Schrie bei dem Sturz vom hohen Ross
Noch einmal nach den Knechten.

Auch mancher, dem's nun besser ging,
Blieb Fang des Schlechteren und hing
In schwarzen faulen Seilen.
Erst wollten wir mit Theorie
Sie aus der Ideologie
Befreien und sie heilen.

Wir luden sie in Gärten ein
Und gaben Brot und Fisch und Wein
Und Flüssiges und Festes,
Wir gaben Marx und Diderot,
Voltaire und Büchner, Brecht und so:
Wir gaben unser Bestes.

Doch mancher Schädel blieb verstockt
Und manche Seele blieb verbockt
Und manches Herz aus Eisen:
Die Aktionärchen von VW,
Die Trottel von der FDP,
Die aus den bessren Kreisen,

Die Esos und die Gläubigen
Und anderswie Feinstäubigen
Und obenrum Verirrten,
Sie guckten uns mit Augen an,
Die waren groß und wie im Bann
Des Kopfs, aus dem sie stierten.

Da schalteten auch wir auf stur
Und änderten die Rezeptur,
Auf dass sich Filz entfilze.
Wir gaben Kubas Rum und Gin
Und LSD und Mescalin
Und Hanf und Psychopilze,

Und Liebeskurse kriegten sie.
Und siehe, so besiegten sie
Die innren Schweinehunde.
Sie trieben ihre Teufel aus
Und gingen frei aus sich heraus.
Willkommen, ihr, im Bunde!

August 2031

Der Blödmann

Betriebsamkeit ist ja nun durchaus zu sehn
Auch in den befreiten Betrieben:
Es sind halt so allerlci Däumchen zu drehn
Und ruhige Kugeln zu schieben.

Die schiebt auch das »Mainzer Papierkollektiv«.
Um eins ist das Tagwerk zu Ende.
Dann essen sie trinkend und lachen sich schief,
Gedenkend der »Mainzer Legende«:

Da kam, eines Morgens, ein Blödmann vorbei,
Der reckte sich falsch vor den Leuten,
Und falsch war der Rhythmus: »Ich bin der Kai
Und möchte euch gerne ausbeuten!«

»Das klingt«, feixte eine, »sehr interessant«,
Und bat alle andern zu kommen.
Sie kamen und haben sich all an die Hand
Und Kai in die Mitte genommen.

»Ich möchte bestimmen, wieviel ihr wann tut!«
So sprach nun der Blödmann zu ihnen.
Sie fielen ins Prusten. Das machte ihm Mut:
»Erst nehm ich von euch die Maschinen!«

»Die kann er gern haben, haha! Oder nicht?
Die können wir Kai gerne geben!«
Ein schallendes Lachen in jedem Gesicht.
»Doch sag uns: Wovon willst du leben?«

»Ich dachte: von euch. Ich bekomm den Erlös
Aus eurem Verkauf, und ich wohne
Und reise und speise und lebe pompös.
Was übrigbleibt: Habt es zum Lohne!«

Sie johlten und jauchzten und riefen: »Es sei!
Hihi! Hähähä! Was ein Spinner!«
Sie holten Psychiater, die stillten den Kai
Und blieben zu Schoppen und Dinner.

September 2031

Die Flüchtlingskrise

Sind viele Tische reich gedeckt, verarmen wenige:
Es hungern, seit's den Bauern schmeckt, mal grad paar Könige.

Doch ist der Herrscher erst in Not, fühlt auch der Diener Schmerz.
So stiegen alle in das Boot: die Quandts, die Klöckner, Merz,

Die Samwer-Brüder, Bosch und Maas, Altmaier, Allianz,
Der olle Maaßen, Adidas, die feiste Schickedanz,

Merck, Söder, Bayer, RWE, Laschet und Rheinmetall,
CD FP SP fD, der Banksterschweinestall,

Der ganze Hauf aus Schmier und Geld, ad hoc nicht mehr betucht,
Die falsche Crème der falschen Welt, begab sich auf die Flucht,

Ein Hauf, zehntausend Leute schwer, und kaperte zur Nacht
Ein großes Schiff am Mittelmeer und hat es losgemacht.

Sie schippern freilich heute noch, gefangen hoch auf See,
Als wäre sie ein Schwarzes Loch. Der Grund der Odyssee:

Es ist das Land ums Meer herum ja ebenfalls befreit.
Sie aufzunehmen, ei wie dumm, ist schlicht kein Schwein bereit.

Nicht integrierbar seien sie, weil äußerst seltsam drauf;
Nix könnten und nix wüssten die, so geht kein Daumen rauf.

Sozialprognose: super schwach. Kein Facharbeiterschein,
Weltkenntnis, Herzensbildung, ach, es könnte besser sein.

Charakterlich? Schwamm drüber. Und: die Seelen arg geschlaucht.
Denn Seekrankheit ist ungesund, der Treibstoff längst verbraucht.

Aus allen Ländern rund ums Meer ward solch ein Schiff gefüllt:
Freut auch der Umsturz viele sehr, war'n manche nicht gechillt.

Rund dreißig solcher Dinger sind's, die ihre Runden drehn,
Spielball der Wellen und des Winds. Es muss etwas geschehn.

Oktober 2031

Erinnert ihr?

Dies der Geburtstag der Revolte,
Die dann im Flug zum Umsturz wuchs:
Dass alles weitergehen sollte
Und als Verhängnis donnergrollte,
Als Schlusspointe jenes Jux,
Den sich die Herrschenden erlaubten,
Seit eh und je, mit unsrer Welt.

Mit letzter Luft, die sie uns raubten,
Als letzte Wälder schwarz verstaubten
Zu letzter Hausse, zu letztem Geld,
Erbauten wir die Barrikaden,
Die höher wurden als ihr Schloss,
Und sahen wie im Speck die Maden
Sie in den Letztprofiten baden.

Und als dann jemand auf uns schoss,
Da schossen wir aus allen Rohren.
Und unsre Rohre waren lang,
Und Kugeln flogen um die Ohren,
Die steckten auch den größten Toren
Das Be vom ginn, das An vom fang
Vom Ende ihrer Barbareien.

Noch eine Zeitlang knurrten sie,
Dass Wahlen dreimal heilig seien,
Wir aber sagten dreimal nein,
Und noch viel lauter murrten sie,
Als mit uns auch die Großmasttiere
Auf Rettung schalteten und Kampf,
Die Schweine, Kühe, Hühner, Stiere,
Sie bissen all in denen ihre
Gebeine rein und machten Dampf –

Erinnert ihr? So ging er los,
Der rote Herbst, sehr rot und groß.

November 2031

Vom Sieg und Glück des Guten

Das Viele, das alle erbauen und tun,
Schnappen sich jetzt nicht mehr wenige.
Der Wolf ist geschossen, der Schuss kam vom Huhn.
Ohne den Knecht keine Könige.

Verschwunden die kleinen und großen Scheißer,
Die Kleinanleger und Großinvestoren,
Verschwunden die Schinder und Wundenreißer,
Verschwunden die Ärsche mit Ohren,

Die Hedgefonds und Börser und Panzerbauer,
Die Tod-, Hunger- und Foltergewinnler,
Verschwunden die Macher und Zuschauer
Des Großen Verreckens der Kinder,

Sogar ihre blöden Schlösser sehen besser aus,
Jetzt, da sie keine Wachen mehr haben.
Kein Halsabschneider holt mehr sein Messer raus,
Jetzt, da die Leute das Lachen haben.

Zum Teufel sind Mehrwert, Profit und Lohn,
Und jetzt, da kein Schlichter mehr da ist,
Freut mich vor allem, dass außer mir schon
Seit damals kein anderer Dichter mehr da ist:

Da wurd ich aus Klugmund und kundiger Hand:
Vom Revolutionären Kultusratsvorsitz (sprich: mir)
Zum »einzigsten Dichter der Revolution« ernannt
Mit Schlosswohnrecht, Pizza und Kellerbier!
Olé!

Dezember 2031

Die große Stille

Ach, was musste man von bösen
Menschen sehen, hören, lesen!
Damals, in den finstren Zeiten
Profitabler Eitelkeiten
Lärmten stetig allerorten
Mittels Taten, Schriften, Worten
All die geistig überträgen
Überlauten Nervensägen,
All die Plasbergs, Schecks und
Prechte,
Zamperonis, Wagenknechte,
Kehlmanns, Zehs und ach und so.

Und wie diese tobten roh
All die Comedyarschkracher!
Und die Doofsatiremacher,
Die mit kläglich stumpfen Spitzen
Aus unsäglich dumpfen Witzen
Quälten ohne alle Maßen
Jene, die auf Sofas saßen
Müde von der Arbeit Fron,
Darbend unterm Mindestlohn,
Und die Spreu der stark Bestussten,
Ach, als Weizen nehmen mussten.

Gleichfalls ohne einen Funken
Anstand auch die Werbhalunken,
Die für Geld und auf Geheiß
Uns den allerletzten Scheiß,
Hergestellt von falschen Mächten,
Anzudrehen sich erfrechten:
»Kaufe diesen Mist hier bitte!!!«
Jenseits von Benimm und Sitte
Logen sie und lobten sie,
Brüllten sie und tobten sie
Just in allen Erdenländern
In den Zeitungen und Sendern,
In dem Netz und, ach wie dumm,
Im TV-Gerät herum.

Und so war's auf diese Weise
Nirgends einmal jemals leise.
Auch wo keine Lärmer lärmten,
In den güldnen wie verhärmten
Supermärkten und Boutiquen
Schrie, um Tauschwert zu verticken,
Aus den Boxen, ricke racke,
Eine klangbasierte Kacke,
Falschmusik aus falschen Noten,
Tod den Lebenden und Toten,
Höllische Begleitmusik
In dem Elendswühltischkrieg.

Aber dann, ihr ahnt es schon,
Kam die Revolution.

Und die Stille war ein Laben
Nach dem Lärmen, denn wir gaben
Manchen freundlich zu verstehn,
Dass ein langes Insichgehn
Ihrerseits ein Fall von Ehre,
Einsicht sowie Rücksicht wäre,
Andernfalls wir sie in Kisten
Tief ins Erdreich bringen müssten.
Und im ganzen Land herum
Ging ein süßes Frohgebrumm:
«Hipphurra, nun ist's vorbei
Mit der Dauerlärmerei!«

Januar 2032

Als wir die Wörter bannten

Es wimmelte von Obst der faulsten Sorte
Auf jenem faulsten schamlos falschen Markt,
Und viele Menschen starben durch die Worte
An Ekel, Schauder, Hass und Herzinfarkt.

Die überlebten, fingen an zu saufen.
JAMAIKA. Oder: AMPEL. Pausenlos
Entkrochen diese schmieren Stinkehaufen
Den Ärschen ihrer Presse, laut und groß.

Der Farben wegen waren sie genommen:
Der Doofparteien. Alle machten mit,
Und niemand konnte ihrem Scheiß entkommen.
Man trat hinein mit jedem kleinsten Schritt.

Und unsern Nerven war's wie Schlangenbisse;
Es war ja Grün nicht grün und Rot nicht rot.
Allein die FDP war wirklich pisse:
Ihr Heer aus Schatten und ihr Chef der Tod.

Die tollste Raserei lag ihm im Samen,
Als LINDNER schoss er durch die alte Zeit.
Die neue gab ihm einen neuen Namen:
Autobahnmörder. Und in Ewigkeit

Sind itzo hier ein letztes Mal verbrochen:
Jamaika. Ampel. Lindner. – Aus. Nie mehr.
Nie mehr wird dieser fiese Mist gerochen.
Wo kein Zurück, da keine Wiederkehr.

Februar 2032

Und dies ward aus den Kirchen

Dem Sieg steht Weisheit auch im Triumphalen,
Die Umsicht würzt das köstlichste Haudrauf.
Und so beschlossen wir: Die Kathedralen
Des Missbrauchs und der Lüge bleiben auf.

Zu winterfest die Mauern, sie zu schleifen,
Zu bunt die Fenster und zu weit der Raum,
Zu cool die Kanzel und die Orgelpfeifen,
Die Deckenhöhe, yeah, ein Kindertraum.

Der Mensch ist Mensch nicht, Falsches vorzugaukeln,
Der Mensch ist Mensch, wo er in Wahrheit spielt.
Nun hängen hundert Meter lange Schaukeln
An jenem Haken, der das Quälkreuz hielt,

Nun entern Riesenrutschen die Emporen,
Und in den Sakristeien gibt es Eis.
Nicht länger liegen Lügner in den Ohren,
Kein Scharlatan erzählt den Leuten Scheiß.

Und in den Marmorbecken schwappen Smarties
Statt Weihwasser. Wer sündigt, sündigt nicht:
In Gottes Kellern steigen Teufelspartys.
Und manchmal ist im Beichtstuhl wieder Licht.

Dann beichtet da ein Mann der schlimmsten Taten,
Und keine Trennwand schützt ihn vor der Wut.
Und Opfer schmeißen Torten und Tomaten
Und Fäuste auf ihn drauf, und es ist gut.

März 2032

Finissage

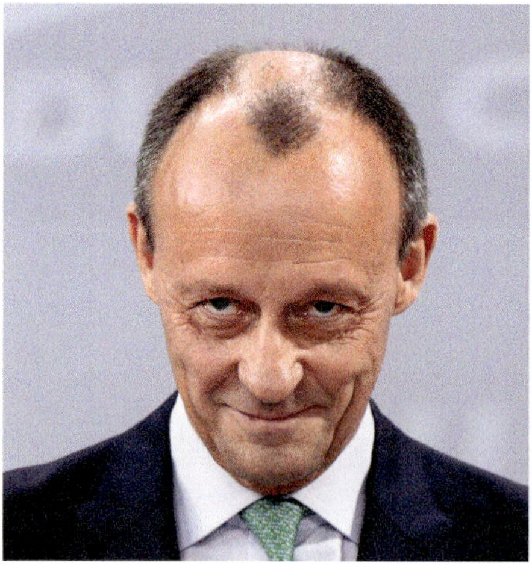

Wir wussten (alles, alles wussten wir),
Dass hässliche Systeme hässlich sterben
Und ihre letzten Fratzen im Delir
Wirr um sich schlagen und die Welt in Scherben:
Wir wussten, eklig stirbt das Kapital.

Und dennoch haute manche aus den Socken,
Mit welchen Typen sich der Scheiß empfahl.
Ja gab's das denn! Das war wie Haferflocken
In abgelaufner H-Milch, meiner Treu,
Das waren Beauties wie aus Boschens Nächten
Und Brueghels, yeah, das war wie gröbste Spreu!
Wie Aliens aus blinden Abluftschächten.

Sie waren weiß und ihre Pimmel alt,
Das wussten wir, für diesen Fall des Falles.
Doch äußerliche, ächz, Extremgestalt
War hier, in diesem Fall, fürwahr nicht alles.

Auch innerlich (soweit's ein Innen gab;
Charaktermasken pfiffen gern auf Tiefgang)
Schien alles wie ein großer Krisenstab,
Ein Achduje und ungeheurer Schiefgang,

Da schien von Anfang alles schiefgelaufen,
Und keine gute Seele ward Gesicht.
Man guckte hin, und man begann zu saufen,
Und manchmal reichte eine Droge nicht.

Sie zu entmachten war ein feiner Reim
Auf ihre Taten, Regungen und Worte.
Doch seit sie gingen, fort, ins Altersheim,
Erinnern wir uns, bei Kaffee und Torte,

So manches Mal, ganz plötzlich, doch an sie,
Und müssen grinsen, hihi hihihi ...

April 2032

Was Anleger jetzt tun sollten

Sie sollten nicht mit Beute dicketun.
Sind Revolutionen auch meist prächtig,
Ist unsere doch nicht renditeträchtig.
Es kommt ja Kommunismus von kommun.

Rendite hieß: Ein Schurke sahnte ab,
Der andern tief verbunden war: in Feindschaft.
Kommune heißt: verbunden der Gemeinschaft
Befreiter Einzelner. Ein Feindschaftsgrab.

So ist der Menschenchor ein guter Ort,
Seitdem Profit nicht mehr sein Dirigent ist.
Feindschaft zerfällt, wo sie nicht Fundament ist,
Doch klingt ihr leiser Nachhall in uns fort.

Denn manche baden noch im Blutaltar.
Und was sie haben, haben sie genommen.
Gut möglich, dass wir sie besuchen kommen,
Sehr bald, und nehmen, was nie ihres war.

Von großen Schurken nehmen wir das Haus
Und geben es uns Frauen Männern Kindern.
Und keine Bullen müssen es verhindern,
Und große Schurken ziehen kleinlaut aus.

Und hier der kleine Rüstungsaktionär:
Wenn wir in seinen schmalen Augen lesen
»Ich kleiner Schurke wär gern groß gewesen«,
Dann nehmen wir auch ihm gern etwas mehr.

Und eines Tags, die Sonne ist sehr groß,
Da stapeln wir Millionen Diebesgüter
Auf einem Flohmarkt ohne Preis und Bieter.
Denn ohne Geld ist alles kostenlos,

Und wäre es noch da:
Man nähme keins.
Denn was der Mensch hier nimmt,
War immer seins.

Mai 2032

Das Aus der Knatterautos

Noch gab es nicht die Kollektivmobile
Der Wohnquartiers, geliehen bei Bedarf.
Noch gab's private, also viel zu viele,
Und manche waren viel zu laut und scharf.

Denn noch war manches Leben sehr erbärmlich,
Und manche leere Lebenslust ward feist.
Und manche armen Männer lebten ärmlich
An Hoffnung, an Benimm, an Herz und Geist.

Sie nervten Tag und Nacht ganz ohne Maßen:
Sie machten ihre Auspuffe kaputt
Und lärmten wie ein Flugzeug auf den Straßen,
Denn ihre bösen Autos fanden's gut.

Die kleinen Kinder stürzten aus den Träumen,
Die Müden, Alten, Kranken schreckten auf,
Die Vögel fielen seitwärts von den Bäumen.
Da wuchs aus Untat Gegenwehr herauf.

Nichts half ja alles Flehen, Bitten, Beten:
Die Wichser rasten. Höllisch laut und schnell.
Da bauten wir mobile Kleinraketen
Und druckten auch ein User Manual.

Sie waren panzerbrechend, das genügte.
Man riss sie uns wie Trüffel aus der Hand.
Und wenn man was vor deren Linse kriegte,
Flog's in die Luft und stand hernach in Brand.

Vieltausend Knatterer sind so verschwunden,
Viel schöner blüht seitdem die Menschenwelt.
So wurde das Programm für gut befunden
Und trotzdem, eines Tages, eingestellt.

Denn einmal traf es mehr als nur den Schinder.
Um ihn herum, im Heck sowie im Bug
Des Knatterdings: ein Mops, zwei Katzenkinder.
Da sagten wir: Okay. It's done. Genug.

Juni 2032

Fünf Freunde auf dem Mond

Ein Abenteuer mit Elon Musk (270 Mrd. Dollar, Besitzer von SpaceX); Jeff Bezos (190 Mrd.); Bernard Arnault (170 Mrd.); Bill Gates (135 Mrd.); Warren Buffet (129 Mrd.)

Als es passierte, war die ekle Welt
Aus Blödheit und Profit noch nicht vertrieben.
Fünf krasse Spinner hatten so viel Geld
Wie fünf Milliarden Menschen oder sieben.

Und so viel Geld macht wibbelig im Kopf:
Wer alles machen kann, muss alles machen.
Er scheißt dann halt in einen goldnen Topf
Aus Glitzerdiamanten und so Sachen.

Ein Spinner namens Elon war der reichste
Und seiner irren Mutti ganzer Stolz.
Sein Oberstübchen war das denkbar weichste,
Der Kopf drumrum jedoch aus hartem Holz.

Und eines Morgens schreckte Elon auf
Und schrie sich an: Heut baust du Mondraketen!
Und schwupps, schon sausten die fünf Freunde rauf
Und guckten runter auf den Doofplaneten.

Drei Tage guckten sie. Jedoch beim Start
Brach erst der Lenker ab; danach die Schaltung.
Auch Licht und Heizung kamen nicht in Fahrt.
Im Arsch war die gesamte Stromverwaltung.

Die Werkzeugkiste? Leider nicht dabei.
Die Notwurstbrötchen? Hatte Jeff vergessen.
Schaumweine gab's zwar noch für jeden zwei,
Doch Weine sind nicht wirklich was zu fressen.

Es wurde dann auch bald ein bisschen kalt,
Und als die Luft ausdünnte, tanzte keiner.
Man wird halt ohne Sauerstoff nicht alt.
Die Stimmung war, mit einem Wort, im Eimer. –

Doch hat der Trip sich auch für sie gelohnt:
Dass es sie gab, kann niemand je bestreiten.
Es bleiben die fünf Freunde auf dem Mond
Für alle Zeit die Reichsten aller Zeiten.

Juli 2032

Die Erziehung des Julian Reichelt

Für Wilhelm Busch

Er leitete Europas doofstes Blatt,
Ein Knecht der Niedertracht und ihrer Taten,
Dann hatte ihn die Bandenführung satt
(Selbst ihr war er zu untenrum missraten).

Wir gaben ihm dann allerlei zu lesen
Zum Thema Liebe, Achtung und so fort
Und merkten schnell: Es schnallte dieses Wesen
Rein gar nix, keinen Halbsatz und kein Wort.

Es guckte wie ein Walross aus zwei Augen,
Die waren groß und ungeheuer leer.
Zum Menschsein schien das einfach nicht zu taugen.
Da musste ein ganz neuer Anfang her.

Im Kindergarten blieb gleichwohl von Sinnen
Sein Herz und Kopf und seine Seele brach.
Mit feuchtem Schmatzen fraß er dicke Spinnen
Und rannte so den kleinen Mädchen nach.

Die Grundschule: nicht besser. Rechnen, Schreiben,
Sport, Malen und Musik: ja what the fuck!
Nach hundert Tagen ließen wir es bleiben
Und gaben einen Sack in einem Sack
(Denn niemand soll es gar zu finster treiben!)
Dem Müller, rickeracke, rickerack.

August 2032

Danke, liebe Vopos, danke!

Den Ernst der Lage hatten sie verstanden
Und pressten allen Letztprofit heraus.
Wir wussten: Wenn wir diese Plünderbanden
Des Kapitals nicht schlugen, wär es aus.

Dann würd's globale Todeszonen geben.
Und wie nicht nur die Mörderclique weiß,
Lässt sich in Todeszonen schwerlich leben.
Schon dreißig Grad sind Atmenden zu heiß.

Es würden vierzig, fünfzig und darüber.
Und nach dem letzten Baum, dem letzten Tier,
Vielleicht schon morgen, so der Rechenschieber,
Verendete die Menschheit. Das sind wir.

Doch zeitig stürmten Volkes Polizisten
Die Vorstandssäle dieser toten Herrn!
Die wohnen heut in zimmergroßen Kisten.
So singen wir die Lieder nicht mehr gern.

»Die Polizei SA SS!«, »Fuck, Häscher!«
Und »Haut die Bullen wie die Stullen platt!«:
Kein Fehler, dass der Sieg der Feuerlöscher
Auch solchem Lied die Glut genommen hat.

September 2032

Septemberspiele

Vielfachausgebeutete gab's auch.
Manche hießen, schweinisch, »Leiharbeiter«.
Ihnen zum Gedenken heißt ein Brauch,
Jährlich, im September, »Leihausbeuter«.

Ex-: Konzernchefs, Aufsichtsrätegangster,
Manager der Fonds, Blutinvestoren,
Hungerweizenhändler, Cum-Ex-Bankster,
Herrscherärsche mit und ohne Ohren,
Leihbar dem, der noch mal gucken mag,
Was sie taten, wie, in welchen Hemden.
Hungerlohn bekommen sie pro Tag,
Aber nur, wenn sie uns stark befremden:

Wenn sie laut, als gäb es uns noch nicht,
Und in kalten eklen Scheißanzügen
Laut und kalt, mit feistem Sieggesicht
Profitieren, Töten und Betrügen
Spielen, und sie spielen gut wie nie,
Grade so, als ging' es um ihr Leben,
So wie Leiharbeiter schufteten für sie.
Und wer hinschaut, will sich übergeben,

Aber dann erkennt er, rot vor Wonne:
Dieses Spiel läuft heute ohne mich.
Heute müssen andre vor der Sonne
Aus dem Bett, zum Leihausbeuterstrich.

Oktober 2032

Pause

Mit dem Richtigen kam's Falsche zum Erliegen:
Gute Welten erntet, wer gut sät.
Als es leichter wurde nach den schweren Siegen
Und die Fetische dann starben wie die Fliegen,
Starb auch der der Produktivität.

Keine Stechuhr prügelt Müde in die Hallen
Des Akkords & Schindens: des Profits.
Wenn's genügend gibt für alle und von allen
Guten Dingen, lassen wir die Arme fallen.
Darum heut nix Ernstes, auch kein Witz,

Nur ein Gruß aus unserm weichen Bett in eure:
Schlaft, trinkt, liebt euch, macht halt, was ihr wollt,
Schickt von mir aus irgendeinen Reim auf »eure«,
Und den ziehe ich mir später aus den Kissen,
Später, wenn wir uns dann wiedersehn.

November 2032

Ruhe im Zug

Sie stampften durch die Züge, die sie füllten,
Mit dicken Ellenbogen, tiefst vertiert,
Zu Menschen hin, die schliefen, und sie brüllten:
»Verschwinden Sie! Der Platz ist reserviert!«

Dann tauchten sie in Stahlmobiltresoren,
So hässlich wie sie selbst und gaunerisch,
Mit leuchtenden neurotisch roten Ohren
Und legten ihre Waffen auf den Tisch:

Zwei Laptops, Tablets, sieben Telefone,
Und brüllten los, denn ihnen selbst gefiel's.
Sie kippten Wortmüll in die Menschenzone,
Mehrwertverbrechen, faule Coups und Deals,

Ein ekler Brei aus Stückzahl und Gewinnen,
Preis, Kunden, Eingang, Ausgang, scheißdochrein.
Kein großer Glanz, ein großer Shit aus Innen,
Und langsam wuchs in uns ein großes NEIN.

Sie brüllten ja auch gern in Ruhewagen;
Die stolze Untat will, dass man sie hört.
Doch eines Tags (noch in den schlimmen Tagen),
Da wurden *sie* final von *uns* gestört.

Laut brüllten wieder die Profitgespenster,
Da warfen wir das Unheil einfach fort:
Da warfen wir sie alle aus dem Fenster.
Bei Schritttempo, versteht sich. »Ehrenwort!«

Dezember 2032

Das große Fressen

Bis heute tappt die Wissenschaft im Dunkeln,
Doch war es Fakt. Vorhanden. Es geschah.
Von »Wunder« hört man Wunderliche munkeln,
Die Klugen sagen: Es war sonderbar.

Das Alte flog schon mit gebrochnen Schwingen
In jenen Tagen, und das neue Glück
Lag wie ein Blochscher Vorschein auf den Dingen,
Da kam ein Schrei aus Rheda-Wiedenbrück.

Es hat der Mensch sein menschliches Ermessen
Und hat das Tier ein anderes Gesicht.
Drei Schweine haben Tönnies aufgefressen,
Doch bei den Schweinen blieb es damals nicht.

Das wehte wie ein Wind durch Land und Fluren,
Labore, Schlachthäuser, durchs Überall
Der Höllen der gequälten Kreaturen,
Die Kühe bissen zu im dunklen Stall,

Die Hühner auf den Gittern schlugen Schnäbel
In Menschenfleisch, das Krokodil der Farm,
Die Nerze mit den Zähnchen scharf wie Säbel
Und Puten trennten Kopf und Bein und Arm

Von Leibern ab, und in den Volieren
Stieß jeder Geier, jeder Adler zu,
Und schneller ging es bei den Zirkusbären:
Ein kurzer Schmerz, dann eine lange Ruh' –

Es endete, als hätt' es nie begonnen,
Nach einem Tag. Doch tausend waren tot.
So wurden neue Haltungen ersonnen
Und, last not least, ein strenges Beißverbot.

Januar 2033

Die Anschub-umverteilung

Zehn Schwänzen gehörte am Ende die Welt,
Und auf ihre Zahlen, da scheiß ich,
Doch weiß ich: Die Aliens kamen geschnellt
Im Jahre zweitausendunddreißig.

Sie kamen zehnmal, und ihr eisernes Schiff
Stand meergroß am Himmel. Ein Knaller!
Erst stand es geräuschlos, dann machte es piff,
Einmal nur, kein großes Geballer,

Dann flogen sie wieder. Doch einer war tot.
Ein Musk namens Elon lag bläulich
In leuchtendem Zellbrei. Nachts wurde das rot.
Der Anblick war wenig erfreulich.

Nur einen Mond später der zweite Besuch.
Erneut starb der Reichste der Zeiten;
Und nach ihm der Reichste. Es war wie ein Fluch:
Ein Schema schien kaum zu bestreiten.

Und kaum war das zehnte der Schiffe gezählt,
Da waren zehn Reichste gestorben
Und war es, als wäre den Dieben der Welt
Die Lust am Zureichsein verdorben.

Sie gaben das Geld den Beraubten zurück
Und änderten Anschrift und Namen.
So waren die Aliens vielen ein Glück.
Doch als ihre Messages kamen:

»O liebe Terristen, nehmt's bitte nicht krumm!
Wir testen Pistolen und schrauben
Und ballern grad wahllos ein bisschen herum«,
Da mochten wir's gar nicht recht glauben.

Februar 2033

In den Pimmelsümpfen

Nicht alle groben Klötze ähneln Perlen,
Nicht jeder Pfeil ruft Amor, wenn er trifft.
Es war nicht leicht. Wohin mit diesen Kerlen?
Wohin mit ihrer Dummheit, ihrem Gift?

Sie waren gerne dumm. Derweil die Frauen
Ihr Leben schufen, frei, emanzipiert,
Sah man die dummen Kerle weiter bauen,
Was Scheiße heißt. (Nicht alles wird kuriert.)

Sie kriegten einen Hort im sumpfig Grünen,
Fern allen Menschen, hinter Farn und Teich,
Sie kriegten laute Rennautos und Bühnen
Zum stündlichen kW- und Schwanzvergleich,

Sie kriegten Strohpuppen, und als wir sagten,
Dies seien Weiber, da begriffen sie.
Sie nervten, wurden übergriffig, plagten,
Und aus den lauten Autos pfiffen sie.

Sie pfiffen riefen schrieen drohten schlugen,
Und manches Stroh verendete im Brand.
Denn was am Anfang völlig aus den Fugen,
Ist auch am Ende außer Rand und Band.

Wie immer wir uns mühten um die Stumpfen:
Die Pimmelsümpfler nahmen es uns krumm.
Da ließen wir sie, eines Tags, versumpfen
Und bauten einen hohen Zaun drumrum.

Und nur die Katzen, die um Monde schleichen,
Erschauen noch, wie Sümpfler, nackt und schwer,
In toten Autos ihren Schwanz vergleichen,
Und laufen fort und kommen nie mehr her.

März 2033

Zahn um Zahn

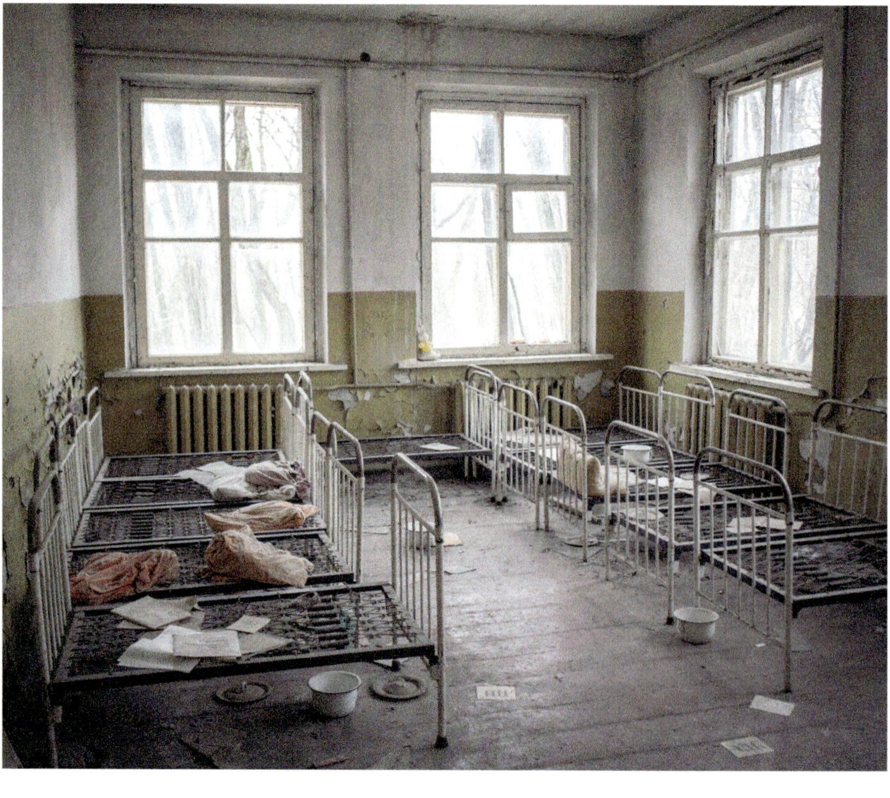

Im richtigen gibt's gleichfalls nur ein Leben,
Auch hier marschiert der Schnitter festen Tritts.
So haben wir doch manchem Arsch vergeben
Und manchen Funktionären des Profits:

Den dümmlichen, den mittleren Agenten,
Den Trotteln zwischen Fremd- und Selbstbetrug,
Den Eseln namens BWL-Studenten
(Die Frauen waren früh nicht dumm genug),

Den kleinen Bankstern, die's nicht besser wussten,
Den kleinsten Wichsern gar der AfD,
Selbst Fondsbesitzern (die nicht töten mussten).
DANN ABER ALTERTE DIE FDP.

Auch faules Fleisch ist eben nicht von Dauer,
Und auch das kalte Herz verliert an Kraft.
Die Lindners, Buschmanns, Wissings wurden grauer
Und wurden weiß und waren dann erschlafft.

Sie hatten Altenhilfe totverwaltet,
Denn Menschenfeinde lieben Autos mehr.
So ward ihr Altersheim von uns gestaltet
Nach ihren Plänen. Und sie trugen schwer.

Wir ließen sie von Hassmaschinen pflegen.
Der Umgangston war unter aller Sau.
Durch Deckenlöcher stürzte kalter Regen,
Und ihre Betten waren wie ein GAU.

Die alte Losung »Zahn um Zahn«: Hier kochte
Das wieder hoch in seinem ersten Sinn.
Denn wenn man in die Münder gucken mochte,
Erkannte man: Da war kein Zahn mehr drin.

So rieb sich niemand nach dem Mahl die Wampe,
Und mieser war als ihrer nie ein Koch.
Stumm schlabberten die Herren kalte Pampe
Und schlabbern, ach, vermutlich heute noch.

April 2033

Hieße und wäre

Hieße der einstige
Grotesk hinkelsteinköpfige
Und hier zusätzlich
»Leicht« verzerrt
Dargestellte Deutsche
Autobahnminister
Wissing mit Vornamen
Statt Volker nur ein
Wenig anders,
Nämlich *Folad*

Und mit Nachnamen
Statt Wissing vielleicht
Auch ein ganz kleines
Bisschen anders,
Nämlich *Lihrte*,

Im ganzen also
Tatsächlich
Folad Lihrte,
Wäre es ein
Anagramm des Deutschen
Autobahnkanzlers
»Adolf«
»Hitler«.

Aber
So ...

Mai 2033

Die Zeit der schweren Fälle

Es war der Umsturz noch nicht alt,
Da kam's an manchen Stellen
Zu manchen Dingen in Gestalt
Von wundersamen Fällen.

Zu Anfang fiel aus Wolken, ach,
Ein Traktor stracks herunter,
Dem Turm der Deutschen Bank aufs Dach,
Und zog ihn mit hinunter.

Dann fiel und wie mit Überschuss
An Verve, Elan und Freude
Ein korpulenter Omnibus
Aufs CSU-Gebäude.

Ein Laster fiel vom Himmel aus
Auf Springer-Döpfners Villa.
Aus Potsdam drang ein Krach heraus
Und wurde wieder stilla.

Die Lok von einer Eisenbahn
Kann eigentlich nicht fliegen,
Doch auch die Villa eines Spahn
Kam unterhalb zu liegen.

Im Fluge ist ein Flugzeug leicht.
Doch Kölner Dom-Altäre
Erzählen: Wenn's dem Fallzeug gleicht,
Erhöht sich seine Schwere.

Vier Güterzüge straßenlang,
Die fielen wie zur Gaudi
Auf RWE und mittenmang
Auf Bayer, Benz und Audi.

Auch was die AfD betrifft,
War das Event metallen:
Ein Kreuzfahrtschiff mit Abwärtsdrift
Ist auf ihr Haus gefallen.

Ein Bömblein, klein und atomar,
Fiel tief und immer tiefa
Und traf mit Wucht und Zielradar
Den Firmensitz der Fifa. –

So ging es fort für manche Zeit,
Man zählte hundert Fälle.
Bekannt ist jede Einzelheit,
Deswegen auf die Schnelle:

Dank Raumfahrtschiffen neuer Kraft,
Den »Roten Untertassen«,
Hat man den Kram erst raufgeschafft
Und dann halt fallen lassen.

Juni 2033

Ein letzter Aufzug

Sie stiegen nicht aus Gräbern, nicht aus Mooren,
Sie fielen nicht vom Himmel, und kein Meer
Warf sie wie Gischt ans Land, das sie geboren
Und dann begraben hatte, lang war's her.

Sie kehrten, eines Morgens, einfach wieder,
Und Laute grunzten roh aus ihrem Mund,
Der blutig faul war, faul wie ihre Glieder.
Gesamteindruck: mehr kränklich als gesund.

Sie waren hin. Und nun in einem Alter
Fern jeder Norm, und so marschierten sie,
Das Kapital und seine Sachverwalter,
Zum letzten Marsch der dunklen Energie.

Da sah man Bismarck, Krupp und Adenauer,
Da sah man IG Farben, Erhard, Scholz,
Da sah man Brüning, Hitler, Siemens, Bauer,
Abs, Globke, Papen (dem das Auge schmolz),

Da sah man Hohenzollern, Benz und Henkel
Und Schleicher, Schmidt, Degussa und VW,
Den Metternich (mit keinem Unterschenkel)
Und, ohne Rumpf, den Kiesinger, oje,

Und Kohl & Merkel, die EIN Wesen waren,
Nebst Friedrich Ebert (ebenfalls voll »fit«).
Elfriede Springer aß von ihren Haaren.
Sogar ein Brei aus Lanz & Precht (!) lief mit.

Sie liefen hin zu einem Loch und flossen
Mit Verve hinein, denn dort war ihr Zuhaus.
Es hat sich über ihnen dann geschlossen
Der Raum, die Zeit, das Loch. Finito. Aus.

Juli 2033

Neue Brötchentaste

Der Öffentliche Nahverkehr ist gut,
Er nimmt die Leut minütlich huckepack.
Doch mancher Sack mit spitzem Kopf und Hut
Und viel zu dickem Auto blieb ein Sack.

Sie krachten durch die Stadt auf Stahl und Blech,
Zehn Tonnen lang, für Krims & Krams & Brot
Und spreizten sich auf Plätzen, feist und frech,
Und schissen Gift und fuhren Menschen tot.

Dank »Brötchentaste« kostete es nix.
In einer dunklen Nacht ist's dann passiert:
Da haben wir die doofen Tasten fix
Und kundig, schrill und lustig renoviert.

Seither fiel aus den Dingern, rollte los
Just mittig unters Auto und blieb still
Ein Handgranätchen, wachteleiergroß,
Sensorgesteuert, Marke Overkill©,

Blieb still, bis auch der doofste Fahrer weg war;
Wir wollten nicht, dass noch ein Mensch erblich.
Der Handgranätchen erster Daseinszweck war,
Dass aus den Reifen alle Luft entwich.

Vier Eisenpfeile schnellten aus den Kugeln,
Dann: Explosion. Bumm. Was es alles gibt!
Und wenn Sie heute »Brötchentaste« googeln,
Erfahren Sie: »Sie wurde unbeliebt.«

August 2033

Der Menschenkühler

Es hat einmal ein feiner Mann,
Der Chef vom Scheißdreck-Audi,
Betrogen, wie es einer kann,
Der alles darf, die Sau, die.

Die doofen Autos hat die Sau
Mit Dieselgift gemästet
Und voller Vorsatz Mann und Frau
Und Kind die Luft verpestet.

Die Toten wurden nicht gezählt,
Das waren kleine Leute.
Dass dürres Leben nicht lang hält,
War Teil der fetten Beute.

Mit Spesen kaufte er sich aus
Dem Knast. Knast war für Arme:
Schwarzfahrer kamen lang nicht raus.
→Klassenjustiz, infame.

Doch wie Revolution so ist:
Die Opfer fanden Rächer.
Heut wedelt Stadler angepisst
Mit einem Luftzufächer.

Der Menschenkühler wird bestellt
Von Blassen, Alten, Kranken,
Die eine kranke heiße Welt
Auch Rupert, ihm, verdanken.

Er fächert tags und in der Nacht
Und fächert viele Stunden.
Einst hat der Rupert krank gemacht,
Jetzt hilft er zu gesunden.

September 2033

Etagentausch

Im Morgengrauen war sie voll
Von Müdigkeit und Alkohol.
Um Trübsinn wurd' gebeten.
Die Endstation hieß Arbeitsplatz,
Da gab es einen vor den Latz.
So war das bei Proleten.

Den Mehrwert fuhr ein Arschgesicht
Spazieren überm U: im Licht
Der hellen Tagessonne –
Die U-Bahn machte viele bleich
Und eine Handvoll viel zu reich.
Ab in die Giftmülltonne!

So kam's zum Ende des Kotaus.
Wir holten alle Schienen aus
Dem U zurück ins Oben.
Heut' haben Freie freie Sicht
Auf Sonnen-, Mond- und Sternenlicht,
Die Blicke sind erhoben.

Paar Idioten schimpfen sehr
Und stinken Autos hin und her.
Die haben schlechte Karten.
Denn Ampeln handeln simultan:
Lang lässt die kluge Straßenbahn
Die doofen Autos warten.

Und leidet eines wie ein Hund,
Dann darf es in den Untergrund
Zum Rasen, yeah, zum Spaße!
Doch einen Haken hat sein Glück:
Unmöglich ist die Fahrt zurück.
Es ist 'ne Einbahnstraße.

Oktober 2033

The End of Björn

Schaut, ihr alle, die ihr tanzt im Licht
Und im Bett der neuen Zeiten flegelt,
Ihr, die ihr im Wind der Liebe segelt,
Schaut in dieses dunkle Angesicht.

Kalt der Blick: die Tränen wie vereist.
Falten, Lippen: Male der Entsagung.
Wund der Hals in steifer Hemdeinkragung.
Schaut auf dieses Kind. Es war verwaist.

Niemand wollte Freund noch Freundin sein,
Tausend Küsse hat es nicht bekommen.
Gerne hätt's das Leben sich genommen,
Doch der Teufel sagte: Danke, nein.

Und er spuckte Björn zur Welt zurück
In 'nem Outfit, das ich zwiefach heiße:
Blazer, Hemd und Schlips die reine Scheiße,
Aber die Frisur: das reine Glück! 🤪

Über Ohren hoch wie ein Salat
Räkelte meliert die Hammertolle.
Ob der Junge hoffte, dass 'ne Olle
Anbeißt (was auch Mutter halt nie tat)?

Biss natürlich nix. Björn blieb allein.
Und ein totes Herz schlug tiefe Dellen
In ein Hirn, da gab es freie Stellen
Bei Faschistens. Und er trat hinein.

Wie man es jedoch von denen kennt,
Hielt ein Nazi seinen neuen Führer
Rotzbesoffen, nachts, für einen Syrer
Und erschlug Björn Höcke, ihn. The End.

(Die Reihe wird in **konkret** *fortgesetzt.)*

II Fotogedichte aus der Titanic

1998–2021

Welt der Mysterien: Eurokriterien

Groß, Männe, seid Ihr und trunken von Kenntnis!
Erleuchtet von Einsicht und Weltenverständnis!
Drum frag ich Euch, Kenner der größten Mysterien:
Was bitte steht in den Eurokriterien?
Wozu erdachte man, Klügster der Denker,
Sie? Gebt mir Antwort! Erklärt's mir, beim Henker!
Welcher erschuf sie? Und wo liegt ihr Grund?
Ihr Telos, o Weiser! Ihr Zweck, Sinn und ...

Schweig jetzt, du Schnepfe! Und lasse mich reden!
Man traf sich in Maastricht, weit oben in Schweden ...
... nicht Finnland, Erlauchter?

Halt endlich die Klappe!
Kannsein es war Frankreich.

Haust dort nicht der Lappe?
In Fellen und Zelten dem Froste zu trotzen
Und bärengleich munter auf Gletscher zu rotzen?
So dass, o Gottgleicher!, das Eis stets behender
Hinaufwächst und -wuchert ...

Genug jetzt! Die Länder
Europas beschlossen
Da halt so Kriterien. Bald ...

... Wird geschossen?
Mit soo großen Luftbodenbodenraketen?
Danach dann Atomkrieg – herrje, lass uns beten!

Sei still jetzt, du Schlampe, spitz endlich die Ohren!
Du hast ja ...

... Ich hab ja ’ne Masche verloren!
Verloren wie Bayern zur Mitte des Märzen
Das Spiel gegen Schalke; es brachen die Herzen

Von Elber und Babbel – o Himmel, was red ich?
Ich fürchte, ich blicke
Jetzt auch nicht mehr durch und ...

Hör zu, alte Zicke!
Es geht um Prozente,
Um 3 komma Brutto,
Bilanzen, um Rente,
Kredite und Dingens – ach scheißrein! Die Kerle beschlossen,
Dass Frauen – zumal in Europa! – ab sofort gefälligst zuzuhören haben, wenn sie von ihrem Ehemann eine verdammt komplizierte Angelegenheit erklärt kriegen wol ...

Ach so!

(1998)

Richtig studieren

Wohl aller Lehr- und Bildungsjahre Streben
Ist stets vom Teufel Schlendrian bedroht.
In jungen Jahren gabelt sich das Leben,
Und wer die falsche Richtung wählt, verroht.

Die D.U.Z.* – sie muss ein jeder haben –
Weiß haargenau, und dies macht sie so wichtig:
Wer hoch hinauswill, muss sich tief vergraben
So wie die Frau im ersten Bilde (»RICHTIG«).

Sie liest ein Buch. Sie stieg vor hundert Stunden
Aus ihrem harten Bett und liest seither.
Nur manchmal dreht sie sinnend stille Runden
Um einen Baum, der ist von Äpfeln schwer.

**Deutsche Universitätszeitung*

Der Tisch so klein. Die Bücher brav geliehen.
Sittsam das Haar, wie's der Professor braucht.
Studieren heißt: sich selbst zur Müh' erziehen.
Man sieht kein Bier. Es wird auch nicht geraucht.

Dagegen das: ein Gammelschwein in Lumpen!
Fetthaare grind, das Kinn von Stoppeln brack.
Die weiße Tasse wird bald gegen Humpen
Voll schwarzen Bieres tauschen: dieser Sack.

Er liest. Doch ist es wirklich Suhrkamp? Hegel?
Sieht so ein Rilke aus? Ein Tieck? Ein Kleist?
Mitnichten! Ha! Versifft hockt hier ein Flegel
Vor einer *taz* und wie die Scheiße heißt.

Hockt im Café und wartet auf die schlechten
Gleichfaulen Weiber, denn sein Geist fliegt tief.
Studenten, so ist's FALSCH! Das müsst ihr ächten!
Sonst geht bereits die Zwischenprüfung schief.

Gleichwohl ... sein Blick ... die Haltung seiner Hände...
Auch sein Gewand: wie fein ... doch wie leger ...
Von Adel Stirn und Mund: Sitzt da am Ende
Just unterm Stempel FALSCH – ein richt'ger Herr?

Habilitiert seit Jahren? Und nun stetig
Sich bildend alleweil und allerorts?
Studenten: Macht zum Lobe euch erbötig
Dies Meisters höchsten Denkens, klügsten Worts!

Ein Humanist! Ein bester unter guten!
Ein Greif der Wahrheit, schlauer fast wie Kant!
Derweilen brummt die dümmste aller Stuten
(Im ersten Bild) vor leerer Bücherwand,

Wo sie sich Grass und bollerharte Pornos
Nebst Juli Zeh stur reinzischt und wohl nie
Ins Oeuvre reinkuckt Theo W. Adornos:
Ist das denn RICHTIG? – Aber ja! Und wie!

(2001)

Die Erde ist kein Paradies

berufung und beruf 35

Die Erde ist ein Paradies

„Ich bin immer noch ein großer Optimist"

Heinz Sielmann - Ein Leben für die Natur

Der Tierfilmer folgte seinem Leben lang seiner Passion - dem Erkunden der Natur. Von sich selbst sagt er: „Ich habe einen ungewöhnlichen Beruf". Genau so ungewöhnlich ist sein Leben.

Der geradlinige Lebenslauf des heute 83-Jährigen liest sich fast wie ein Märchen. Es ist die Geschichte vom Jungen, der auszog um Tierforscher zu werden: sechs Kontinente bereiste und zu Ruhm und Ehren gelangte. Bereits als Schuljunge begab sich Heinz Sielmann auf Exkursionen. Wenn er mit seinem Vater in der artenreichen Landschaft von Ost-

Elf Kinder stehen wie erstarrt
Um einen alten Mann,
Der ihnen plastisch offenbart,
Wie groß sie werden kann.

»Soo lang und groß! Da guckt ihr, wie?«
Da gucken diese Schurken:
In Ehrfurcht stumm, als hätten sie
Gern selber solche Gurken.*

**bei genauerem Hinsehn: Zucchinis*

Dann legt der Dicke halbrechts los:
»Mir scheint, der übertreibt.
Sein Sielmann ist doch nur so groß,
Weil Heinz so daran reibt!«

Links neben ihm feixt Uschi: »Stimmt;
Das sagt mein Bruder auch.
Wer's Gürkchen in die Hände nimmt,
Dem wächst sie bis zum Bauch.«

Der Forscher stammelt: »Huch .. äh ... was ...?«
Der Kleine links gibt Sporen:
»Dranreiben? Bringt 'ne Menge Spaß!«
Und schaut ganz lustverloren ...

Rechts neben Sielmann fühlt ein Knab
Nach innen, und dann schreit er:
»Die Gurke, die m i r Gott einst gab,
Ist größer, aber breiter!«

Schwer ächzt der Greis: »Äh, wie ihr seht ...«
Klaus, unten rechts, am Boden:
»Ja, wie wir sehn: die Gurke steht;
Und grasgrün sprießt ihr Hoden.«

Das Mädchen links, es scheint so fein –
Und spricht wie eine Hexe:
»Nu' packenses mal wieder ein;
Die kriegen ja Komplexe!«

Die Bande lacht aus einem Guss.
Wie sind doch Kinder böse!
Der Dicke prustet: »Kinder, Schluss!
Das ist doch bloß Gemöse.«

Die Meute johlt, Heinz Sielmann wankt –
Der Hohn hat Konjunktur.
Es wird den Alten nicht gedankt
Die Liebe zur Natur.

(2001)

Zoo Schwerin

Von Stahl umzäunt, weil ihr Gebiss
Zu groß für kleine Menschen is',
Der Welt entrissen, stumm und bloß:
So stehn die Tiere in den Zoos.

Die Herzen krank, die Seelen stumm,
Der Leidenszug ums Maul herum,
Die Sinne trüb, die Lefzen schmoll,
Die Augen leer, die Schnauze voll:

Gesichter ohne Spaß und Freud –
Doch nun wird's lustig! Liebe Leut':
Nun können Sie im Zoo Schwerin
Mal andere Gesichter sehn!

Drei wilde Neger! Wunderbar!
Ganz wie's in Opas Zirkus war!
Zur Fütterung um kurz vor acht
Wird kunstgestückt und bumm gemacht.

Der Ossi grölt, der Rhythmus treibt,
Der Ossi geht, der Neger bleibt:
Auf freie Artgenossen
Wird drüben gern geschossen.

(2002)

Menschen, Tiere, Sensationen

Hier scheint sich einem ersten Blick
Was zum Idyll zu fügen.
Doch weiß man, mit wieviel Geschick
Grad schönste Bilder lügen.

Der erste Blick ersieht im Nu
Acht Bauern hinter Schnucken.
Achtmal der Schritt vom Ich zum Du,
Am Du sich zu beglucken.

Die Bauern stehn, die Tierchen auch.
Das meint: Es sind recht kleine.
Sie reichen nicht zum Unterbauch,
Nur zwischen je zwei Beine.

Ihr fragt, wozu die Haltung taugt?
Die Wahrheit schreit zum Himmel:
Hier werden Bauern – abgeschätzt!
Gemessen wird: ihr Blutdruck.

»6.« »19!« »4.« »Ich find ihn nit!«
»Was is'?« »Die zwei – ist weiblich!«
Die Wahrheit naht im Sauseschritt,
Und sie ist unbeschreiblich.

Es ist ein Kostensenkungstest:
Die acht sind gehbehindert.
Sie halten sich an Schnucken fest,
Weil's ihr Gebrechen mindert.

Man warf sie aus der Klinik raus,
Obwohl sie nicht genasen.
Nun ziehen Schnucken sie nach Haus;
Sie ziehen und sie blasen

Trompetengleich! Posaunenlaut
Ertönt ihr »Obacht, Schnuckeln!
Wenn jemand fällt, ham wir's versaut.
Nun: rückwärts marsch! Und nuckeln!«

(2003)

Der Trinkende

So wie ein Schwein in weichen warmen Ställen
Sich legt und grunzt und rund in sich versinkt,
Versinkt auch hier, geformt aus vielen Bällen,
Ein großes Rundes, das wie grunzend trinkt.

Man sieht ein ungeheuer großes Fühlen
In Fingern, deren jeder eine Wurst.
Der Trinkende ist heiß, sich abzukühlen.
So steht dies Bild uns, gleichnishaft, für Durst.

Doch auch für Haare, die wie heiße Asche
Weiß glühen auf der wutentbrannten Stirn
Des größten Deutschen mit der kleinsten Flasche
Um einen Halm, kaum schwerer als das Hirn
In diesem Monolithen, dessen Falten
Nichts als das eine knurren: Was ein Cheiß!

Viel kleines Kind ist in dem großen Alten,
Der seinen ersten Schluck als letzten weiß
Und darum halb verschmäht. Und mit dem Runden
Verzweifelt auch der Bildbetrachter schier
An dieser großen Wut aus tausend Wunden,
An diesem Körper zwischen Trotz und Gier,
Der beides will. Und innehält seit Stunden,
Sehr dilemmatisch, ratlos und sehr hohl.

So steht, gemalt aus ungezählten Pfunden,
Uns dieses Bild auch, gleichnishaft, für Kohl.

(2005)

An einem Tag im März

Zu einem IKEA-Werbeplakat

Dies ist Laureen. Sie wohnt im Örtchen Leinen.
Die Eltern sind Doktoren der Physik.
Sie taten alles für das Wohl der Kleinen
Und weinten, wie wohl alle Eltern weinen,
Als Laureen sprach: »Adieu! Ich mach' mein Glück!«

Ihr Herz schlug für die Kunst. Sie spielte Flöte
Wie nie ein Mensch zuvor. Die Welt stand kopf.
In ihrer Freizeit las sie Pound und Goethe,
Und beider Verse malten eine Röte
Auf zarte Wangen unter blondem Schopf.

Dann dieser Tag im März. Es war der vierte
Des kalten Winters zweitausendunddrei.
Das Land gefror (in neuem Deutsch: gefrierte),
Und es war glatt, als das Malheur passierte:
Ihr Auto brach an einem Baum entzwei.

Sie war nicht angeschnallt und schoss wie eine
Kanonenkugel aus dem Wrack hinaus.
Im Innern blieben abgerissne Beine.
Sichtbare Kopfverletzung gab es keine,
Doch mit dem Musizieren war es aus.

Da sitzt sie nun, von Koryphä'n beäugt,
Und weiß nichts mehr: Zerstört war die Aorta.
Ihr Hirnkoma ist chefärztlich bezeugt.
Sie sitzt im Rollstuhl, leicht nach vorn gebeugt:
Ein Glücksfall für Almondy Mandeltorta.

(2005)

Deutsch-englische Achse steht

Guten Tag, ich bin die neue.
Ich heiß Angie, wie heißt du?

Ich heiß eine bauerntreue
Neoliberale Kuh
Gern willkommen, harharhar,
Nein, im Ernst: Wie war die Reise?

Ach, mir ward ganz sonderbar,
Als das Flugzeug sanft und leise
Und von ewgem Blau beschienen
Mich in höchste Höhen warf …
Hallo? –

Ja?

Ich red mit Ihnen!

Und dort steht ein Fotograf.

Wo?

Verrat ich nich'.

Och bitte!

Nein!

Das ist Ihr letztes Wort?

Yep.

Dann lenk ich meine Schritte
Mal beleidigt wieder fort …

Wenn das so ist: schüttelschütttel.
Sie sind also diese Frau …

Merkel!

… Dieses Bonzenbüttel
Aus Südpommern?

Haargenau!
Und Sie sind … Regierungssprecher?

Ich bin Tony; Tony Blair.

Himmelarsch, der Kriegsverbrecher!
Gute Arbeit!

Danke sehr.

Wieviel Tote, edler Schinder,
Waren's denn?

Naja, mal schauen:
Fünfundvierzigtausend Kinder,
Omas, Opas, Männer, Frauen
Macht zusammen … hab's vergessen.

Macht doch nix; apropos Krieg:
Ich krieg Hunger.

Gehnwer essen!
(Beide knutschend ab. Musik)

(2006)

Es war keinmal in Amerika

Guten Tag; das muss genügen.
Denn so wahr ich Merkel heiße:

Sie betrügen, täuschen, lügen,
Seh'n doof aus, und diese Scheiße,
Dass Sie Dümmster aller Dummen
Darwin in die Hölle treten:
Ich muss kotzen, wenn Sie beten,
Und bin froh, wenn Sie verstummen.

Sie erwarten einen Knickser
Und dass ich von all dem schweige?
Hörnse zu, Sie falscher Wichser,
Sie Melange aus Arsch und Geige:
Guantánamo muss schließen.
Wenn Sie's nicht bis morgen tun,
Werd' ich Sie werweiß erschießen
Und gewiss nicht eher ruhn,
Bis Sie den Skandal beheben,
Alles klar, Manneken Pis?

Was wie Sie dürft's echt nicht geben,
So, mein Flieger wartet, tschüss.

(2006)

Zum Tod Jörg »Jörgi« Haiders

Ob er trällernd einen kleinen
Feigling soff und onanierte,
Als er Graben, Zaun und einen
Starken Pfeiler anvisierte –

Wie es war, weiß heute keiner.
Was uns bleibt, ist das Gefühl:
Ach, da starb im Phaeton™ einer,
Und schon einer ist zu viel.

Hätte keiner drin gesessen,
Wär die Chose längst vergessen.
Doch wie »gerne« schreib ich hin:
Da saß »leider« Haider drin.

Mit James Dean und Lady Di
Wird er nun daheim verglichen.
Denn aus Kärnten ist, o wei,
Alle Lebenslust gewichen,
Alle Freude, alle Wonne
Tränenreichem Kerzenspiel:
»Kärnten trauert um die Sonne,
Die vom Kärntner Himmel fiel.«

Was er wohl, den Tod vor Augen,
Schrie dort droben in der Luft?
»Nirgends Polen, die was taugen!
Auch der Jude ist ein Schuft!
Drecksschmarotzerasylanten!
Und der Führer hatte recht:
Fremd sind alle Immigranten,
Huch! Ich lande! Is' mir schlecht ...«

Oder sprach in letztem Beben
Auch er menschlich gut und weich:
»Ach, es sind ja wie im Leben
So im Sterben alle gleich« –

Dies wär' letzter Ehren wertig.
Aber dafür war die Futt
Wohl zeitlebens schlicht zu fertig
Und am Ende zu – kaputt ...

(2008)

Sonett vom ICE-Platzdeckchen

Begütert ist, wer Armen helfen kann,
Und mehrt sein Glück: Er nimmt, indem er gibt,
Und wird ein Ganzes, wo das Leid zerstiebt.
Just dieses Glück erfüllt auch diesen Mann.

Die Bahn erkor ihn, und er nahm schnell an:
Es fragt nicht lange, wer die Schwarzen liebt.
Er fragt auch nicht, wie prächtig es wohl piept
Bei den Layoutern unsrer Eisenbahn –

Er hat an Hunger schon zuviel gerochen
Und weiß, dass nur die schnellste Hilfe nützt.
So ist er gestern dorthin aufgebrochen,

Wo er nun froh, gewürzt und angestochen
In einem jener großen Töpfe sitzt,
In denen Schwarze Spitzenköche kochen.

(2010)

Letzte Ruhe

WILHELM FICK
1891 – 1970
EMMA FICK
GEB. HOLST
VERW. STENDER
1980
JONNI STENDER
1913 – 1988
BERTHA HOFMANN
1962

Vor Gräbern sagen Menschen weinend amen.
Der Tod entreißt den Lebenden das Glück.
Wo Leben war, verbleiben nurmehr Namen:
Herr Stender und die Eheleute Fick.

Nach Wilhelm starb die Emma. Und wir lesen:
Einst hieß sie Holst. Dann nahm ihr Gott den Mann.
Verwitwet sie; und unbestimmt sein Wesen,
So vornamlos, wie's nur ein Stender kann.

Sie weinte laut. Dann kam ein neues Sehnen.
Sie nahm sich einen Fick, und der war gut.
Doch sagt mir, was zum Teufel unter denen
Das fromme Fräulein Bertha Hofmann tut?

Nebst beiden Ficks ruht ja auch Emmas Schwager
Und Stender-Jonni tot in Berthas Grab!
Bezahlten ihre Kinder denn fürs Lager
Der armen Mutter nichts, seitdem sie starb?

Die erste Mahnung wollte noch versöhnen.
Nichts kam zurück. Da wurd' der Ton schnell barsch:
»Wir schichten auf, wenn Sie nicht schleunigst löhnen.«
Die Kinder schrieben: »Leckt uns doch im Arsch!«

Wie wurde da der Friedhof bitterböse!
Und unterm Stender wär' noch gar was frei ...
Geb' Gott, dass niemals eine Jenni Möse
Die Nummer vier in diesem Bunde sei!

(2011)

Von der schwersten aller Künste

Gesetzt, Sie möchten eine Frau begrüßen
Mit einem Kleinod und den Worten: »Dies sei Dein!«,
So könnten es zum Beispiel diese süßen
«Hass Avocados Black Sensation« sein.

Gesetzt, Sie möchten sich für drei entscheiden
Und sind der Sensation der Schwärze eingedenk,
So bündeln Sie rechts unten die zwei beiden
Mit oben links der einen zum Geschenk.

Gesetzt, Sie möchten bitte was zum Tragen
Und kriegen eine schwarze Polyethylen,
So sollten Sie mit ihr an heißen Tagen
Den langen Weg zur Auserwählten gehn.

Gesetzt, Sie möchten unterwegs ermatten
Vor Hitze, die vom flirren Sommerhimmel brennt,
So legen Sie sich in den blauen Schatten
Und in die gelbe Sonne das Präsent.

Gesetzt, Sie möchten diese pralle Süße
Just übergeben, als sie sprotzend explodiert,
So schmeißt die Frau sie Ihnen vor die Füße
Und sagt, im Tonfall eher reserviert:

»Gesetzt, ich möchte diesen Scheiß von Matsche
Ja ums Verrecken nicht, Sie Arsch! Sind Sie verrückt?«,
So hätten Sie voll einen an der Klatsche,
Doch Ihren Hass – mit Avocados ausgedrückt!

(2011)

Lieber Herr und Heiland mein

Südostkurier 16.3.2011

Seniorenbus

Freie Fahrten zum Friedhof

Die Gemeinde Hohenbrunn bietet einen Senioren-Bus an, mit dem alle älteren sowie auch alle gehbehinderten Bürgerinnen und Bürger kostenlos zum Friedhof Hohenbrunn und wieder zurück fahren können.
Unser Bus wird Sie 14-tägig immer mittwochs von 10.00 Uhr bis 11.30 Uhr von zu Hause abholen und dann zum Friedhof Hohenbrunn und wieder nach Hause fahren. Um den Service nutzen zu können, müssen Sie lediglich zuvor bei der Gemeinde Hohenbrunn (Telefon 08102-800-0) anrufen, Ihre Adresse mitteilen und eine Abholzeit vereinbaren.
Der nächste Termin des Fahrdienstes ist am 30. März 2011.
Wir würden uns freuen, wenn Sie von diesem Angebot regen Gebrauch machen.

*Du, o schönes Weltgebäude**
Magst gefallen, wem du willst;
Ist doch deine eitle Freude
Stets mit lauter Angst umhüllt.
Denen, die den Himmel hassen,
Will ich ihre Weltlust lassen;
Mich verlangt nach dir allein,
Lieber Herr und Heiland mein!

Freie Friedhofsfahrten bietet
Die Gemeinde Höhenbrunn.
Einen Bus hat sie gemietet,
Allen Bürgern wohlzutun,
Die, ob krank, ob reich an Jahren
Frohgemut zum Zielort fahren,
Um in stillem grünen Hain
Ihrem Heiland nah' zu sein.

Komm, o Tod, des Schlafes Bruder,
Komm und führe mich nur fort!
Löse meines Schiffleins Ruder,
Bringe mich zum sichern Ort!
Mag, wer immer will, dich scheuen,
Mich vielmehr kannst du erfreuen,
Denn durch dich komm' ich hinein
Zu dem lieben Heiland mein!

Jeden zweiten Mittwoch holet
Sie der Bus zu Hause ab,
Woraufhin die Gruppe johlet:
»Fährmann, bringe uns zum Grab!«,
Wo sie drehen tausend Runden,
Und der Fahrer wartet Stunden,
Bis er zürnt und denkt: »Ja, mein
Lieber Herr Gesangsverein!«

* *Die kursiven Strophen entstammen dem barocken »Pilgerschaftslied« von Johann Franck (1618–1677); Dank an Mathias Davis für die Zusendung der Pressemeldung.*

Tausendmal pfleg' ich zu sagen
Und noch tausendmal dazu:
Würd' ich doch ins Grab getragen,
O so käm' ich ja zur Ruh,
Und mein bestes Teil, das würde,
Frei von dieses Leibes Bürde,
Dort im Himmel bei dir sein,
Lieber Herr und Heiland mein!

Und der arme Fahrer schauet
Auf dem Friedhofsrund umher,
Ob die Gruppe Scheiße bauet,
Und er findet sie nicht schwer:
Ei, sie trällern laute Weisen,
Und sie lassen Tropfen kreisen
Zu Gesängen fromm und fein
Von des Heilands Gnadenschein:

Müde, die der Arbeit Menge
Und der heiße Strahl beschwert,
Wünschen, dass des Tages Länge
Werde durch die Nacht verzehrt,
Dass sie nach so vielen Lasten
Könnten sanft und süße rasten.
Mein Wunsch ist, bei dir zu sein,
Lieber Herr und Heiland mein!

Doch im Schatten einer Hecke,
Fern des Tages Müh' und Groll,
Pfeift die Gruppe sich mit Ecke
's Edelkirsch die Hucke voll.
Und ihr Geist erhebt sich mächtig,
Und die Stimmung, sie ist prächtig,
Und sie grölen wie ein Schwein.
Auch der Fahrer fällt mit ein:

Weil ich doch die Friedensauen
Und den goldnen Himmelssaal
Jetzt nicht kann nach Wünschen schauen,
Sondern muss im Tränental
Noch im Prüfungskampfe leben,
Soll mein Geist sich doch erheben,
Unterdessen bei dir sein,
Lieber Herr und Heiland mein!

Unterm Monde schließt die Sause,
Denn die Leiber sind gefüllt.
Schlingernd rollt der Tross nach Hause,
Wo sich Glück in Decken hüllt.
Und schon bald wie neugeboren
Bricht der Bus der Senioren
Wieder in den Friedhof ein,
Lieber Herr und Heiland mein!

(2011)

Ballade vom frommen Sängerknaben

Ein Selbstportrait

Wie ein Engel singt er in den jungen
Reinen Jahren, denn sein Geist ist frei.
Nie ein Menschenkind hat so gesungen.
Doch die Stimme bricht auch ihm entzwei.

Und mit ihr zerbricht sein Gottesglauben
Wie ein Glas, das aus den Händen fällt.
Ach, dem armen Sängerknaben rauben
Die Hormone eine ganze Welt.

Plötzlich kann er nicht mehr artig singen
Von dem Schöpfer, der sein Vater ist.
Plötzlich muss er mit der Wollust ringen,
Und bald weiß er, was ein Kater ist.

Betend hob er gestern noch die Hände
Zu dem Lied »O heller Weihnachtsstern!«.
Heute greift ein Weib in seine Lende,
Und dann sehen sie gemeinsam fern.

Und dann zappt er durch die Sportprogramme,
Und er betet: um das nächste Tor.
Sie vergöttert Willis und van Damme.
Nur der liebe Gott kommt nicht mehr vor. –

Aber manchmal fällt er aus den Dingen
In die Zeit, da er ein Engel war.
Und im Bad ertönt sein reines Singen:
»Yeah! O sole mio, tralala!« ♫

(2011)

Hundeoase

Von den Autos überfahren,
Von den Kindern aufgehängt,
Ausgesetzt nach zwanzig Jahren,
Von den Zweirädern verdrängt:

Ach, es sind die kleinen Strolche
In der Großstadt nicht beliebt.
Umso besser, dass es solche
Liebevollen Orte gibt.

Kommt ein Hund nach langem Wandern,
Zunge raus, der Körper bebt.
Tot, gestorben sind die andern,
Er allein hat überlebt.

Ajax starb an fauler Wurst.
Bello ist im Müll geblieben.
Ben und Struppi hat der Durst
In den Suizid getrieben.

Und er spürt, wie eine Zecke
Ihm das letzte Blut entzieht,
Legt sich um die letzte Ecke
Längs zum Sterben hin – und sieht:

Was ist das? Er kann's nicht fassen.
Ist's ein Traum?! Ist er verrückt?
Fehlen seinem Schrank die Tassen?
Hat er Schnaps gefrühestückt?!

Mancher Mensch hat ihn getreten;
Einer macht es ungeschehn.
Und ein Hund beginnt zu beten:
Danke, Mensch! Ach, ist die schön!

Nicht nur, dass er nie so feinen
Hintergrund aus Wellblech sah –
Auch die Ösen für die Leinen,
Plasteschüssel: alles da!

Und mit fröhlich feuchter Nase
Und nach jugendschnellem Lauf
Legt er sich in die Oase
Und steht niemals wieder auf.

(2012, Fund: Rayk Unger)

Zum Ende der Fa. van der Vaart

Nach sieben goldenen Jahren beendeten der Fußballer Rafael van der Vaart und das TV- und Werbemodel Sylvie Meis ihre reziproke Zugewinngemeinschaft und starteten eine Solo-Wachsfigurenkarriere.

Ein schönes Bild aus einträglichen Tagen:
Sylvie & Rafael als Doppelwertpaket.
Da weiß man gar nicht, wo zuerst reinschlagen.
Da weiß man, warum Menschheit untergeht.

Der Fußballstar und die Moderatörin:
Zwei halbe Kinder, von sich selbst missbraucht
Als Markenzubehör und -zubehörin.
Was heißt Gestank, solang der Schornstein raucht.

Ein Rest von Mensch nur in den Wachsfiguren:
Aus beiden Menschen strahlt das nackte Tier.
In beider Blick die Traurigkeit der Huren
Erwürgt von Zurichtung, Instinkt und Gier.

In seinem auch der wahre Grund der Trennung:
Er will längst lieber die aus Wachs zur Frau.
Das ginge einfach, ohne Umbenennung,
Und keiner merkt es bei der Modenschau.

So können beide froh nach vorne sehen:
Er hat 'ne Neue. Sie hat Magersucht
Und müsste eh mal auseinandergehen. –
Die Liebe wie die Trennung: eine Wucht.

(2013)

Langsonett von der evangelistischen Pommesbude

In Deutschlands hohem Norden steht, in Verden,
Dort wo die Aller in die Weser fließt,
Ein Haus, das hat der Heiland auserkiest
Als beste Pommesbude hier auf Erden.

Und wahrlich lindert sämtliche Beschwerden,
Wer frohe Wurst auf frohe Botschaft spießt.
Die Pommesbude, die Leviten liest:
So mag zum Fraß der Geist gesegnet werden.

Und ob der Geist dann Bier in Eimern schüttet
Und Schweinewürste zentnerstark verzehrt:
Wer Christi Pommesbude fromm beehrt,
Dem hilft er, dass der Magen nicht zerüttet,

Selbst wenn Gevatter Tod zum Tanze bittet,
Nachdem man sich erbrach als wie ein Pferd.
Die Bude macht, dass lebend wiederkehrt,
Wer hier vom Leben ins Nichtleben schlittert.

Doch Frömmigkeit braucht Phantasie und Mut.
Der Essigschwamm sei euch die Mayonnaise,
Und Tütens Ketchup nehmt als Christi Blut;

Das auch als rote Tinte taugen tut!
Denn erst wenn er am Wurstkreuz INRI läse,
Fänd' auch Gottvater diese Bude gut.

(2014)

Rheinheimer Zeichen

Alle Worte dieser Mauer
Kennt der Bürger wie der Bauer,
Aber dennoch will man fragen:
Was genau wolln sie uns sagen?

Dass für mausetote Nazis
Auf dem Friedhof echt kein Platz is',
Weil der Hohe Rat der Stadt
Da etwas dagegen hat?

Oder findet wer grad schade,
Dass zum Friedhof auch und grade
Tote Nazis niemals streben?
Weil nichttote Nazis – leben?

Steckt die Stadt mit starken Worten
Ihren Antifa-Konsorten,
Dass dem Sprayer, der hier sprüht,
Bald der Gang zum Friedhof blüht?

Stammt das Schild von Nazis gar?
Und es stank der Antifa,
Dass es rechts zum Friedhof geht?
Und da hat sie's umgedreht?

Oder darf der Nazihaufen
Zwar zum Amt und Aldi laufen
Und zur Post und zum Gericht,
Aber nie zum Friedhof nicht?

Weil: Die sollen da nicht hingehn?
Darin könnt man einen Sinn sehn.
Denn sonst würden, die dort liegen,
Halt posthum die Krätze kriegen.

(2014)

Vorteil Boeing

Airbus-Manager Enders

Was hat denn der? Was tut denn der
So überdienstbeflissen?
Was hat den Airbus-Manager
Da aus der Bahn gerissen?

Zwar steht er nur im Sonnenlicht
Und nicht in ihrem Scheine,
Doch zeigt er seine Augen nicht.
Wahrscheinlich hat er keine.

So sieht der arme Mann nicht das,
Was Sehenden glasklar ist:
In seinen Händen wähnt er was,
Obwohl es gar nicht da ist.

Er hält sie wie um einen Ball
(Auch Kürbis würde passen).
Schnelldiagnose: schwerer Fall.
Ja ist das denn zu fassen?

Der Fotograf hat's auch verpennt.
Der hat das ausgesessen,
Anstatt zu rufen: »Halt, Moment,
Du hast den Ball vergessen!«

Der sieht doch, dass 'ne Lücke droht,
In die was Rundes hermuss!
Jetzt steht da so ein Idiot
Und schadet unserm Airbus.

(2015)

Ach, ach, ach und ach

Eine Restaurantkritik

»McDonald's verliert den zweiten Vorstandschef binnen sieben Monaten. Der 44-jährige Charles Bell tritt wegen einer Darmkrebserkrankung zurück. Sein Vorgänger Jim Cantalupo war im April überraschend verstorben« (ap)

Schicksal birgt sich, ach, fast immer.
Aber hin und wieder fällt
Zitternd wie ein Kerzenschimmer
Eine Ahnung in die Welt.

Ach, vor grade einmal sieben
Monden riss der Tod, o Graus,
Aus dem Kreise seiner Lieben
Den McDonald's-Chef heraus.

Ach, ein neuer ward gefunden.
Doch auch dessen Leben wankt.
Gebe Gott, er mag gesunden,
Wo er doch an Darmkrebs krankt.

Lebens Faden ist aus Seide.
Furchtbar ist es, wenn er reißt.
Ach, wieso denn haben beide
Niemals *außer* Haus gespeist?

(2015)

Kornkreise

Am Abend, wenn der Mond blickt auf die Städte
Und auf das Land aus altem Lehm und Stein,
Dann stellen sich, als ob ein Gott es täte,
Wie aus dem Nichts sich diese Kreise ein.

Als wären sie schon immer dagewesen,
So sind sie einfach da und sehen aus
Wie alte Männer rund um einen Tresen.
»Zum goldnen Ochsen« heißt das kleine Haus.

Und jeder Kreis besteht aus vielen Kreisen,
Kreisrunden Bäuchlein voller Drang und Durst.
»Ein Bier, ein Korn!«: So ruft es aus den Greisen
Rund zehnminütlich. »Und 'ne C-Currywurst!«

(2019)

Das Loch

Nur wenige sind von Geburt pathetisch,
Doch dieses Bild zieht alle in den Bann.
Denn wirkt die Area auch leicht asketisch:
Der Pfeil ist magisch und das Loch magnetisch.
Es zieht die Kids ganz nah an sich heran.

Dann tost ein Sog, und alle Kinder fallen
Sterntief in eine zehnte Dimension.
Dort fliegen sie auf singenden Korallen,
Die in beerblauen Wäldern widerhallen,
Zu einem diamantnen Zauberthron.

Sie nehmen Platz. Und tausend Wundertiere
Umschwirren sie und lachen ihnen zu.
Am Himmel reiten lustige Vampire
Auf Sauriern mit blingbling Goldgeziere,
Und eine Elfe tanzt im Schokoschuh.

So leicht die Kinder in das Loch gelangen,
So gar nicht finden sie indes hinaus.
Sie bleiben in der schönsten Welt gefangen,
Und Eltern rufen in das Loch und bangen,
Und eines Tages gehen sie nach Haus.

Denn nicht für Eltern taten's die Erfinder.
Und rufen Ihre dummen Kinder »Neeiin!!«,
Bedenken Sie: Noch ist ihr Wissen minder.
Und klug entscheiden Sie für Ihre Kinder
Und packen sie und stopfen sie da rein.

(2021, Fund: Ludger Fischer)

Aschaffenburger Gemälde

Im lichten Weiß der weißen Friedenstauben,
Im Weiß der Wolken, die da ziehn im Wind;
Im Weiß der Engel aus dem frommen Glauben
Der Kinder, wenn sie Kinder Gottes sind:

So weiß kam dieses Auto angeflogen
Und bremste scharf und öffnete den Schoß.
Und es gebar ein Wesen ungelogen
So weiß wie es, so rund und schwer und groß,

Ja größer gar mit seinen weißen Haaren.
So zogen sie die Welt in ihren Bann.
Ein Rülpsen kam, dann sind sie weggefahren,
Das dicke weiße Auto und sein Mann.

(2018)

Hinweise

Die chronologisch versammelten Gedichte der Kolumne »Postrevolutionäre Lyrik« standen zwischen Dezember 2020 und August 2023 in der sehr guten Zeitschrift **konkret** und erscheinen hier erstmals in Buchform. Die Kolumne gibt's weiterhin.

Schon seit 1998 schreibe ich auch für das Frankfurter Satiremagazin *Titanic* gereimte Fotogedichte, deren schönste hier gleichfalls Buchpremiere feiern mit Ausnahme einer Handvoll, die in meinem Band »Nennt mich Gott« (Fischer 2008) zu lesen waren.

Bei manchen älteren *Titanic*-Gedichten waren die Bildrechte nicht mehr zu klären, daher bitten wir gegebenenfalls um Meldung beim **konkret**-Verlag.

Bilder

Titel, S. 12–80, 92, 94, 98, 102, 118: Picture Alliance/DPA
S. 84: Poss-Fotos
S. 86: DUZ (Ausriss)
S. 88, 90, 106, 110, 116, 120, 130: Einsendungen von Titanic-Leser:innen
S. 96, 104, 108, 114, 122, 126, 132: Thomas Gsella
S. 124: Ausriss »Der Spiegel« 51/2015

Register